Rezepte/Geschichten

Syrien

Ukraine

Liebe Leserinnen und Leser,
liebe Freundinnen und Freunde kulinarischer Schätze,

Sie halten ein Kochbuch in den Händen, zu dessen Entstehung viele Menschen unterschiedlicher kultureller und nationaler Herkunft beigetragen haben. Die Idee zu diesem Buch ist durch die erste Flüchtlingswelle nach dem Bürgerkrieg in Syrien entstanden.

Der Familienbund der Katholiken wollte damals auf die Lage der Flüchtlinge in Deutschland aufmerksam machen. Erste Kontakte wurden zu Mitarbeiterinnen geknüpft, die sich um die Belange syrischer Flüchtlinge kümmerten. Daraus sind freundschaftliche Kontakte entstanden. Beim gemeinsamen Kochen kam man auf die Idee, ein Kochbuch zu entwickeln und neben den Rezepten Geschichten über die Familien und deren Fluchterfahrungen zu erzählen.

Durch die Coronakrise kam die Entwicklung des Kochbuchs ins Stocken. Der Krieg in der Ukraine fiel in diese Zeit und so lag es nahe, das Buch auch um ukrainische Gerichte zu ergänzen.

Tischkultur, Tischregeln und verschiedene Zubereitungsarten des Essens bereichern auch unsere Kultur in Deutschland und sind somit ein großer Gewinn für uns.

Der Familienbund bedankt sich an dieser Stelle bei den Familien aus Syrien und der Ukraine für ihre Offenheit und Bereitschaft, sich an diesem Projekt zu beteiligen. Nur mit ihrer Hilfe ist dieses Buch erst möglich geworden.

Die Überschüsse aus diesem Buch werden an Flüchtlingsinitiativen weitergegeben.

Wir wünschen Ihnen viel Spaß und (Gaumen-)Freude beim Lesen, Kochen und Verzehr dieser „Kulinarischen Schätze".

Rezepte aus Syrien

Auberginen-Creme mit Granatapfel | Baba Ghanoush

Baba Ghanoush ist ein Klassiker der arabischen Küche und besonders im Libanon und in Syrien sehr beliebt. Die Auberginen-Creme schmeckt köstlich als Dip oder Brotaufstrich, als vegetarische Beilage oder auch als Vorspeise.

Zutaten

Für 4 Personen

2 große Auberginen

1 Fleischtomate

1 Bund Petersilie

1 Zitrone

3 Knoblauchzehen

100 g Walnüsse

2 EL Granatapfelsirup

Olivenöl

¼ TL Salz

Kerne von einem Granatapfel

Zubereitung

- Die Auberginen im Backofen auf der obersten Schiene bei 250° C 15 Minuten lang grillen. Nach der Hälfte der Zeit wenden.
- Die Fleischtomate, die Petersilie und eine halbe Zitrone klein schneiden. Die andere Hälfte der Zitrone auspressen, Knoblauch und Walnüsse klein hacken.
- Die Auberginen abkühlen lassen, die Schale abziehen und das Fruchtfleisch in kleine Stücke schneiden.
- In einer Schüssel die Auberginenstücke mit 2 EL Tomaten, 2 EL Petersilie, 2 EL Zitronensaft, den Zitronenstücken, dem Knoblauch, 2 EL Granatapfelsirup, 2 EL Olivenöl und der Hälfte der Walnüsse mischen. Im Anschluss mit Salz würzen.
- Das Baba Ganoush mit Petersilie, Tomate, Walnüssen und Granatapfelkernen dekorieren und mit Olivenöl begießen.

Bulgursalat | Tabouleh

Tabouleh gehört während der heißen Jahreszeit zu den beliebtesten Salaten und Beilagen in der arabischen Küche. Es besticht durch seine Leichtigkeit und Frische.

Zutaten

Für 4 Personen

1 Tasse Bulgur

Wasser

2 Bund Blattpetersilie

½ Bund frische Minze

2 große Tomaten

½ Schlangengurke

1 bis 2 Zitronen

1 Prise Salz

Olivenöl

Zubereitung

- 1 Tasse Bulgur in eine große Schüssel geben und mit kochendem Wasser übergießen, sodass der Bulgur noch etwas mit Wasser bedeckt ist.
- Die Petersilie und die Minze fein hacken.
- Die Tomaten häuten, die Schlangengurke schälen und beides in kleine Stücke schneiden.
- Die Zitronen auspressen.
- Alles miteinander vermischen, mit Salz abschmecken und anschließend Olivenöl hinzugeben, damit der Bulgur glänzt.

Amira

Von wem sie kochen gelernt hat? Amira lacht. „Ich weiß nicht. Von jedem in der Familie ein bisschen. Wir waren von klein auf dabei und haben einfach alles aufgeschnappt." Amira zeigt stolz den Käse, den sie selbst in Salzlake eingelegt hat. „Den fertigen hier aus dem Supermarkt essen wir nicht. Der schmeckt doch gar nicht", erzählt die 45-Jährige und verzieht dabei lächelnd das Gesicht.

Amiras Familie gehörte in Syrien zu den Großgrundbesitzern, bevor das Assad-Regime ihnen rund 100 Hektar Land wegnahm. „Uns blieb aber noch viel. Wir hatten über 400 Schafe und einen großen Garten, aus dem wir vor allem Granatäpfel, Aprikosen, Weintrauben, Äpfel und Feigen ernteten." Auch hier wurden die überschüssigen Erträge verkauft. Reichhaltig blieb der Anteil, den die Familie für die eigene Versorgung zurückhielt. So reichhaltig, dass man fast täglich Gäste zum Essen begrüßen konnte.

Um zu studieren, ging Amira in die Stadt. Und nahm direkt ihre jüngeren Geschwister mit, die dort viel bessere Bildungschancen hatten. „Mein Vater hat uns in der Stadt eine Wohnung gekauft und versorgte uns regelmäßig mit Obst und Weizen von zu Hause."

Weizen war die Grundlage der Ernährung in Syrien. Er wurde gekocht, zermalmt und gesiebt. Die gröberen Körner wurden zu Bulgurreis verarbeitet, der Großteil jedoch zu Mehl gemahlen. Der Weizen bildete früher den Reichtum, später das Auskommen der Familie ihres Mannes Chahin.

Obst und Weizen von zu Hause – das vermisst Amira am meisten. Der Geschmack der Lebensmittel, die sie hier kaufen kann, ist „überhaupt nicht vergleichbar". Da hilft es schon, fast alle Gerichte nach syrischer Tradition selbst zu kochen. Und vor allem, den Käse eigenhändig herzustellen. Beim Essen gelten manchmal auch die traditionellen Tischregeln. Dann wird nur mit den Händen gegessen. „Allein schon aus Hygienegründen", erklärt Amira. Denn sorgfältig gewaschene Hände seien allemal sauberer und vor allem reiner als das Besteck aus der Schublade.

Gefüllte Mini-Auberginen | Makdous

Als Teil der irakischen und levantinischen Küche handelt es sich um winzige, würzige Auberginen, die mit Walnüssen, rotem Pfeffer, Knoblauch, Olivenöl und Salz gefüllt sind.

Zutaten

Für 4 Personen

Ca. 20 kleine Auberginen – max. 6 bis 7 cm lang

1–2 EL Salz

200 g Walnüsse, geschält

1 Knoblauchknolle

Chilischoten oder rote Paprika nach Geschmack

1 EL Paprikamark

Sonnenblumenöl

Zubereitung

- Zuerst die Stiele abschneiden und dann die Auberginen waschen. In einen Topf geben und mit Wasser aufgießen, bis das Wasser kocht. Ca. 15 bis 20 Minuten kochen lassen.
- Die Auberginen in ein Sieb geben, kurz auskühlen lassen und das restliche Grüne abziehen.
- Danach die Auberginen einschneiden und in die Öffnung 1 bis 2 Esslöffel Salz reiben.
- Nun die Auberginen in einem Salzsieb der Länge nach übereinanderlegen, mit einem Teller abdecken und mit einem Gewicht beschweren, um den Auberginen die Flüssigkeit zu entziehen.
- Das dauert ungefähr 2 bis 3 Tage.
- Aus den Walnüssen, dem Knoblauch, den Chilischoten und etwas Paprikamark eine Füllung zubereiten. Ein Esslöffel der Füllung jeweils in die Öffnung der Auberginen geben.
- Alles in Gläser füllen, mit Sonnenblumenöl aufgießen und ca. zwei Wochen ziehen lassen.

Eingelegte Salzzitronen

Salzzitronen oder auch eingelegte Zitronen werden bei vielen orientalischen Gerichten wie Salaten oder einer Tajine als Grundzutat verwendet.

Zutaten

Für 4 Personen

7–8 kleine, dünnschalige Bio-Zitronen

5–6 Lorbeerblätter

1 TL schwarze Pfefferkörner

80 g grobes Meersalz

60 ml Olivenöl

Zubereitung

- 4 bis 5 Zitronen mit einem Schwamm unter heißem Wasser gründlich waschen und trocken reiben. Die Spitzen abschneiden, dann der Länge nach über Kreuz einritzen, jedoch nicht ganz durchschneiden (ca. 1 cm vor dem Stielansatz aufhören).
- Lorbeerblätter waschen und trocken tupfen.
- Pfeffer grob zerstoßen.
- Ein Einmachglas oder ein großes Glas mit Twist-off-Deckel mit kochendem Wasser ausspülen und abtropfen lassen.
- Grobes Meersalz in die Einschnitte der Zitronen geben und die Zitronen mit den Lorbeerblättern und Pfefferkörnern fest in das Glas drücken. Die Zitronen sollen dabei kräftig gequetscht werden, damit sie saften.
- Das restliche Salz dazwischenstreuen. Das Glas verschließen und an einem dunklen, kühlen Ort (evtl. auch Kühlschrank) ca. 24 Stunden stehen lassen. Zwischendurch schütteln, damit sich das Salz auflöst.
- Die übrigen Zitronen auspressen. Etwa 150 ml Saft zu den Zitronen in das Glas gießen (aber nicht ganz voll), wieder verschließen und nochmals gut schütteln.
- Glas wieder öffnen, Olivenöl auf die Oberfläche gießen, bis alles bedeckt ist, und wieder fest verschließen.
- An einem dunklen, kühlen Ort 3 bis 4 Wochen durchziehen lassen.

Arabisches Linsen-Reis-Gericht | Mujaddara

Ein altes arabisches Sprichwort beschreibt die Bedeutung dieses Gerichts im Orient wie folgt: „Ein hungriger Mann wäre bereit, seine Seele für ein Mujaddara zu verkaufen."

Zutaten

Für 4 Personen

200 g Linsen (Tellerlinsen)

185 g Basmatireis

3 Zwiebeln

5 EL Olivenöl

2 TL Salz

1½ Teelöffel Kreuzkümmel

schwarzer Pfeffer

Zubereitung

- Die Linsen in ein Sieb geben und unter fließendem Wasser abspülen.
- Linsen in einen Topf geben, 750 ml kaltes Wasser zufügen und zum Kochen bringen. Bei kleiner Hitze 15 Minuten weiterköcheln.
- Den gewaschenen Reis und die Gewürze zu den Linsen geben, aufkochen und noch einmal 15 Minuten köcheln lassen. Das Wasser sollte komplett vom Reis aufgesogen sein.
- Zwischendurch die Zwiebeln schälen und in Ringe schneiden.
- Das Olivenöl in einem großen Topf erhitzen und die Zwiebeln darin frittieren, bis sie braun sind.
- Das Mujaddara auf einem großen Teller anrichten und mit den Zwiebelringen garnieren.
- Mit schwarzem Pfeffer würzen.
- Dazu schmeckt ein frischer Salat und/oder eine Joghurtsoße.

Couscous mit Lammfleisch

Couscous, Cous Cous oder Kuskus ist ein Gericht der nordafrikanischen Küche. Die Grundlage besteht aus befeuchtetem und zu Kügelchen zerriebenem Grieß aus Hartweizen (Hartweizengrieß), Gerste oder Hirse.

Zutaten

Für 4 Personen

1 kg Lamm-, Rind- oder Kalbfleisch

Öl

2 Zwiebeln

2 Knoblauchzehen gepresst

4 Zweige Petersilie gehackt

4 Zweige Koriander fein gehackt

1 Dose gehackte Tomaten

2 TL Harissa

2½ TL Salz

1½ TL schwarzer Pfeffer aus der Mühle

1 Prise Safran

1 Prise Zimt

½ TL Kurkuma gemahlen

½ TL Paprika edelsüß

1 TL Ingwer gemahlen

400 g Kichererbsen

5 Karotten, geschält und in Stifte geschnitten

1 kleine Steckrübe, in Stifte geschnitten

2 Zucchini, in Stifte geschnitten

400 g Kürbis, in Würfel geschnitten

750 ml Wasser kalt

500 g Couscous

Zubereitung

- In einem großen Topf etwas Öl erhitzen und das Fleisch von allen Seiten anbraten.
- Zwiebeln zum Fleisch hinzufügen.
- Knoblauch und gehackte Kräuter dazugeben.
- Tomaten und das Harissa hinzufügen und kurz köcheln lassen. Mit Wasser ablöschen.
- Gewürze und Kichererbsen hinzufügen und bei mittlerer Hitze etwa 1 Stunde köcheln lassen.
- Karotten, Steckrübe, Zucchini und Kürbiswürfel hinzufügen und weitere 25 Minuten köcheln lassen.
- Couscous nach Packungsanweisung zubereiten.
- Couscous auf Teller verteilen. Die Soße abschmecken, das Gemüse auf dem Couscous verteilen, das Fleisch darauflegen und mit etwas Soße begießen.

Arabischer grüner Bohneneintopf

Eine gute Suppe ist ein Wundermittel an jedem noch so kühlen oder harten Tag – sie eignet sich als Beilage oder Vorspeise. Am besten die doppelte Menge kochen, dann hat man auch schon das Essen für den nächsten Tag fertig.

Zutaten

Für 4 Personen

700 g grüne Bohnen, flach und breit

5 EL Olivenöl

1 gr. Zwiebel, geschält und klein gehackt

8 Knoblauchzehen, geschält und klein gehackt

Salz

1 gr. Dose geschälte Tomaten

Zubereitung

- Die Bohnen waschen, die Enden abschneiden und evtl. vorhandene Fäden abziehen.
- Die Bohnen in ca. 2 cm lange Stücke schneiden.
- Das Olivenöl in einer großen Pfanne oder einem Topf erhitzen und die Zwiebeln und die Knoblauchzehen darin goldgelb anbraten.
- Die Bohnen hinzufügen, salzen und ein paar Minuten unter Rühren braten, bis sie glänzen und ein helleres Grün bekommen.
- Die abgetropften geschälten Tomaten hineingeben, salzen und alles gut durchmischen.
- Zudecken und ca. 40 Minuten auf kleiner Flamme köcheln lassen, bis die Tomatensauce dicklich geworden ist.

Abschmecken und mit arabischem Brot servieren.
Der Bohneneintopf kann auch kalt gegessen werden.

Ayla

Ayla lebte mit ihrem Mann Hasan und den Kindern in einem Vorort der Millionenmetropole Damaskus. Die heute 40-Jährige arbeitete als Lehrerin, ihr Mann als Ingenieur. Doch Hasans Leidenschaft waren die Kunst und das Kunsthandwerk. Er malte Öl-, Acryl- und Wasserfarbenbilder, schmiedete Skulpturen, fertigte kunstvolle Lampen, Möbel und Deko-Accessoires an. Seine Werke waren in vielen Ausstellungen zu sehen, die KundInnen kamen aus ganz Syrien und dem benachbarten Ausland. „Er hat sich alles selbst beigebracht. Seine Kunst war nicht nur sein Hobby, sie war sein Leben", erzählt Ayla stolz.

Auch das eigene Haus baute das Paar eigenhändig aus und ließ die 250 Quadratmeter großen eigenen vier Wände zu einem Kunstobjekt werden. „Wir haben unsere Lampen selbst entworfen und hergestellt, haben Kamin und Brunnen gebaut und das alte Mauerwerk kunstvoll freigelegt", erinnert sich Ayla wehmütig und zeigt einige eindrucksvolle Bilder, die sie auf ihrem Handy gespeichert hat.

Geblieben ist ihnen neben diesen Bildern und Erinnerungen aber noch etwas viel Wichtigeres: die Hoffnung, die sie mit in ihre neue Heimat gebracht haben. Ayla und Hasan hatten auch ihre Leidenschaft mit im Gepäck, die ihnen Mut macht, das Erlebte zu verarbeiten und ihr Leben neu aufzubauen. Das Leben zweier Menschen, die ihre Geschichte mit einem strahlenden Lächeln erzählen, auch wenn die eine oder andere Träne in den Augen zu erahnen ist.

Eintopf mit weißen Bohnen | Fasolia

Dieser deftige Eintopf wird traditionell mit Lamm- oder Rindfleisch zubereitet, allerdings ist auch die fleischlose Variante geschmacklich unschlagbar. Ein echter Magen- und Seelenwärmer in der kalten Jahreszeit.

Zutaten

Für 4 Personen

250 g weiße Bohnen

3 Knoblauchzehen

1 Bd. Koriander

6 EL Olivenöl

3 EL Tomatenmark

½ TL Harissa

400 g Tomatenwürfel

500 ml Gemüsebrühe

Zimt

Salz und Pfeffer

Zubereitung

- Bohnen über Nacht in reichlich Wasser einweichen. Anschließend 1 Std. kochen, bis sie weich sind (oder im Schnellkochtopf ca. 20 Minuten).
- Knoblauchzehen schälen und in feine Scheiben schneiden.
- Koriander grob hacken.
- Öl in einem Topf auf mittlerer Stufe erhitzen und darin den Knoblauch anbraten.
- Tomatenmark und Harissa zugeben und für 2 Minuten anbraten.
- Tomatenwürfel zugeben und mit Gemüsebrühe oder Wasser ablöschen.
- Mit Zimt, Salz und Pfeffer abschmecken.
- Gekochte Bohnen und gehackten Koriander hinzufügen und für ca. 30 Minuten bei niedriger Stufe und geschlossenem Deckel köcheln lassen.

Dazu Reis servieren.

Arabische Fleischbällchen | Daoud Basha

Dies ist die ägyptische Variante des Rezepts. In der libanesischen Küche wird anstatt Koriander und Dill ein Bund glatter Petersilie verwendet. Daoud Basha passt gut zu arabischem Reis.

Zutaten

Für 4 Personen

1 kg Hackfleisch vom Rind

500 g Zwiebeln

Knoblauch

1 Bund Koriandergrün

1 Bund Dill

1 TL Salz

½ TL Pfeffer

1 TL Zimt

1 Bund Minze, frisch

150 ml Sonnenblumenöl

4 große Tomaten

150 g Tomatenmark

600 ml kaltes Wasser

2 TL gehackte Petersilie

Zubereitung

- 1 Zwiebel, 1 Knoblauchzehe, Koriander und Dill fein hacken und mit Salz, Pfeffer, Zimt und Hackfleisch vermischen.
- Aus dieser Mischung mit feuchten Händen mittelgroße Bällchen formen.
- Die Bällchen in einer Pfanne mit Sonnenblumenöl 10 Minuten lang goldbraun anbraten.
- Die Tomaten schälen und in Würfel schneiden.
- Die restlichen Zwiebeln und Knoblauchzehen hacken und im restlichen Öl glasig anschwitzen. Die Tomaten und das Tomatenmark hinzufügen, danach die Fleischbällchen in den Topf geben.
- 600 ml kaltes Wasser dazugeben und noch mal eine halbe Stunde köcheln lassen.
- Zum Schluss gehackte Petersilie darüberstreuen.

Arabische Linsensuppe | Shorbat Adas

Shorbat Adas, ein Klassiker aus der Küche des Nahen Ostens.
Sehr einfach, sehr schnell, die ganze Familie wird satt und alle mögen es.

Zutaten

Für 4 Personen

2 Zwiebeln

2 Bund glatte Petersilie

1 EL frischer Koriander

2 EL Sonnenblumenöl

40 g Butter

300 g Linsen

1¾ l Gemüsebrühe

Salz und Pfeffer

Zubereitung

- Die Zwiebeln schälen und achteln.
- Die Petersilie und den Koriander waschen, trocknen und fein schneiden.
- Das Öl und die Butter heiß werden lassen, die Zwiebeln darin andünsten.
- Die Linsen in den Topf geben, leicht andünsten, mit der Gemüsebrühe angießen und zugedeckt bei mittlerer Hitze garen.
- Die Suppe mit Salz, Pfeffer, Petersilie und Koriander würzen.
- Wenn die Linsen weich sind, mit dem Pürierstab pürieren.

Reis-Gericht mit Hähnchen und Nüssen | Mandi

Zu Hühnchen passt eigentlich nichts besser als aromatischer Reis.

Zutaten

Für 4 Personen

Gewürzmischung

2½ EL Kreuzkümmelpulver
2 EL Korianderpulver
1 EL schwarzer Pfeffer
1 EL Kardamompulver
1 TL Zimtpulver
½ TL Nelkenpulver
1 EL Kurkumapulver
½ TL Chilipulver

Für das Hähnchen

½ Hähnchen mit Haut
2 EL Gewürzmischung (s. o.)
Salz nach Geschmack
2 EL Butter

Für den Reis

1 Zwiebel, fein gehackt
1 grüne Paprika
3 EL Olivenöl
1 Dose Tomaten, gehackt
1½ EL Gewürzmischung (s. o.)
1 Tasse Basmatireis
2 Tassen kochendes Wasser
Salz nach Geschmack
Rosinen und Nüsse optional

Zubereitung

Gewürzmischung

- Alle Gewürze mischen und in einem luftdichten Behälter aufbewahren.

Huhn

- Das Hähnchen salzen.
- Die Butter mit den Gewürzen mischen.
- Das Hähnchen mit der Paste würzen und 20 Minuten ruhen lassen.
- Den Backofen auf 180° C vorheizen.
- Das Hähnchen in eine feuerfeste Form geben, mit Alufolie abdecken und 35 Minuten bei 150° C backen.
- Die Folie entfernen und weitere 25 Minuten backen.

Reis

- Olivenöl in eine Pfanne geben und die gehackte Zwiebel glasig dünsten.
- Tomaten und Paprika dazugeben und bei mittlerer Hitze ca. 5 Minuten dünsten.
- Die Gewürzmischung dazugeben und die Masse ca. 2 Minuten bei mittlerer Hitze rühren.
- Reis in gesalzenes Wasser geben und 15 Minuten auf niedriger Stufe köcheln lassen.
- Den Reis unter die Tomaten-Paprikamischung geben.

Zum Servieren das Hähnchen auf den Reis legen und mit Nüssen und Rosinen garnieren.

Eine Tafel

Die Kinder breiten die Decken auf der Wiese aus und pflücken Blumen zur Dekoration. Die Jugendlichen füllen Wasser und Zitronen in die Karaffen und suchen auf dem Handy nach geeigneter Hintergrundmusik. Und während die Männer die lange Tafel im Garten mit Tellern, Gläsern und Besteck ausstatten, richten die Frauen die Vielfalt an Speisen auf Servierplatten und großen Tellern und Schüsseln her.

Jede(r) hat etwas mitgebracht. Da findet sich auf der Gartentafel unter anderem selbst gebackenes Dinkelbrot neben Fladenbrot, der Kartoffelsalat steht zwischen syrischem Linseneintopf mit Hammelfleisch, gefüllten Weinblättern und Falafeln nach marokkanischem Rezept, selbst eingelegtem Schafskäse, Kichererbsenbällchen auf traditionell libanesische Art und jeder Menge gebackenem und gebratenem Hähnchenfleisch.

Zum Nachtisch warten Schokoladenpudding und weitere Köstlichkeiten. Und zu alledem klingt amerikanischer Jazz aus der kleinen Box.

Neugierige und vor allem hungrige Blicke wandern über die Speisenvielfalt. „Was ist denn das genau?" und „Was ist denn da drin?" sind zu Beginn des gemeinsamen Mahls die meistgestellten Fragen. Der Reihe nach wird erklärt, übersetzt und zum Probieren eingeladen. Gerne auch mit der Hand. „Das ist bei uns halt so Sitte", erklärt mir Shahin und schmunzelt über meine lang andauernde Suche nach der bequemsten Sitzposition. Ich entscheide mich erst mal für den Schneidersitz und nehme dankend einen Teller mit verschiedensten „Speiseproben" und ein Glas Lavendelwasser entgegen.

Nach kurzem Durchzählen stellen wir fest, dass auf der Wiese in unserem Garten heute 23 Menschen aus sechs Nationen Platz genommen haben.

Wenn die Gespräche an Grenzen stoßen, bieten sich entweder Englisch oder schlicht Hände und DolmetscherInnen zur Weiterführung an. Die Kinder haben eh längst eine gemeinsame Sprache gefunden. Und die englischen Songtexte aus der kleinen Box sind mittlerweile im Wechsel deutscher Rock- und arabischer Popmusik gewichen.

Und während mein Sohn Gitarre spielt und alle Kinder und Jugendlichen im Chor mitsingen, während sich die Erwachsenen über die Weltpolitik, Kochrezepte und Nähtipps und den vergangenen Bundesliga-Spieltag austauschen, wird klar: Die wirklich wichtigen kulturellen Unterschiede liegen in der Auffassung, ob der blau-weiße, der schwarz-gelbe, der grün-weiße oder doch der rot-weiße Fußballklub einfach der beste ist.

Nicole Fuhrmeister

Gefüllte Weinblätter | Warak inab

Gefüllte Weinblätter sind ursprünglich eine Armenspeise. So ganz ohne Fleisch und nur mit dem, was man im Dorf sowieso finden konnte, waren und sind sie ein sehr leckeres Essen für jede(n).

Zutaten

Für 4 Personen

250 g Weinblätter

250 g Rundkornreis

½ Tasse Wasser

1 große Zwiebel

½ Tasse Öl

2 EL Tomatenmark

1 Zitrone, in Scheiben geschnitten

1 EL frische Minze

2 EL Paprika

Salz und Pfeffer

Zubereitung

- Eingelegte Weinblätter 30 Minuten in klares, kaltes Wasser legen.
- In der Zwischenzeit klein gehackte Zwiebel in Öl dünsten, Reis waschen und zu der Zwiebel geben, 2 EL Tomatenmark, Salz, Pfeffer, getrocknete Blattpaprika, Minze und ein halbes Glas Wasser dazugeben, abschmecken und auf kleiner Stufe 8 bis 10 Minuten ziehen lassen.
- Wenn der Reis das Wasser aufgesogen hat, Herd abstellen und erkalten lassen. Auf die behaarte Seite der Weinblätter etwas von der Füllung geben, die Seiten über die Füllung klappen und länglich wie eine Zigarette drehen.
- Die gefüllten Weinblätter nebeneinander in den Kochtopf legen. Nun das Wasser bis zur oberen Schicht der Weinblätter füllen. Die geschnittenen Zitronenscheiben auf die gefüllten Weinblätter legen. Kurz aufkochen lassen und dann auf kleiner Hitze fertig garen (ca. 30 Minuten).
- Die gefüllten Weinblätter sind meistens dann gar, wenn keine Flüssigkeit mehr vorhanden ist. Nun sollte man mit einer Bissprobe prüfen, ob sie tatsächlich fertig sind. Falls nicht, noch etwas Wasser auffüllen und weiter garen lassen.

Lavendelbutter - salzig oder süß

Lavendelbutter ist eine originelle Abwechslung und sehr schnell hergestellt.
Die Lavendelblüten werden vom Stengel abgezupft und können frisch oder getrocknet verwendet werden.
Als salzige Variante harmoniert die Butter sehr gut mit frischem Brot, Kartoffeln und Fleisch.
Als süße Variante passt sie als Brotaufstrich zu Weißbrot.

Zutaten

Für 4 Personen

125 g Butter

1 TL Lavendelblüten

1–2 TL Petersilie

Salz oder 4 TL Honig

Zubereitung

Salzige Lavendelbutter

- 125 g zimmerwarme Butter mit 1 TL Lavendelblüten mischen. 1–2 TL Petersilie und Salz nach Geschmack hinzugeben.

Süße Lavendelbutter

- 125 g zimmerwarme Butter mit 1 TL Lavendelblüten und 4 TL Honig mischen.

Orientbällchen aus Hackfleisch und Bulgur | Kibbeh

Würziges Hackfleisch in einer Hülle aus Bulgur – dieses Gericht ist aus der orientalischen Küche nicht wegzudenken. Für VegetarierInnen ist auch die fleischlose Variante mit Hackersatz empfehlenswert. Für beide Versionen gilt: nur authentisch in der obligatorischen Ei-Form.

Zutaten

Für 4 Personen

250 g Bulgur

½ TL Salz

1 EL Kreuzkümmel

1 EL Zimt

1 EL Paprikapulver edelsüß

Für die Füllung

1 Zwiebel

Olivenöl

500 g Rinderhackfleisch

30 g gehackte Walnüsse

Salz, Pfeffer

Kreuzkümmel

Zimt

2 EL Granatapfel-Sirup

1 Zwiebel

Zubereitung

- Bulgur mit Salz, Kümmel, Zimt und Paprika in einer großen Schüssel vermischen und mit ca. 2 Tassen Wasser 10–20 Minuten ziehen lassen. Ist der Bulgur zu trocken, mehr Wasser dazugeben.
- Inzwischen die Füllung vorbereiten. Dafür gehackte Zwiebeln in Öl anschwitzen, Hack zugeben und anbräunen. Die Nüsse grob hacken und hinzufügen. Mit Salz, Pfeffer, Kümmel und Zimt würzen.
- Den Sirup hinzufügen und die Masse abkühlen lassen. Den Bulgur zu einem geschmeidigen Teig kneten.
- Die Zwiebel fein hacken und zusammen mit dem Rinderhack und dem Bulgur durchkneten, bis ein fester Teig entsteht. Daraus wallnussgroße Bällchen formen.
- Mit dem Zeigefinger vorsichtig aushöhlen und in die traditionelle ovale Form bringen.
- In reichlich Öl frittieren, bis die Bällchen goldbraun geworden sind.

Kann auch als Füllung für Spitzpaprika, Paprika, Zucchini oder Auberginen verwendet werden.

Arabisches Fladenbrot | Manakish

Manakish gehört sowohl in Syrien als auch im Libanon, in Israel, Palästina und Jordanien zu den traditionellen Gerichten. Im Steinofen gebacken wird sie zum Frühstück oder zum Mittag gegessen.

Zutaten

Für 4 Personen

1 P. Trockenhefe

500 g Mehl

1 TL Salz (gestrichen)

1 TL Zucker (gestrichen)

6 EL Olivenöl

200 ml Wasser (lauwarm)

Zutaten zum Würzen und Bestreichen:

2 EL Zatar (Gewürzmischung)

100 ml Olivenöl

Zubereitung

- Wasser, Zucker und Hefe in eine kleine Schüssel geben und alles gut miteinander verrühren. Einige Minuten bei Zimmertemperatur stehen lassen.
- Mehl (gesiebt) und Salz in eine Schüssel geben, eine Mulde formen und die Hefemischung zufügen. Olivenöl dazugeben und alles zu einem feinen Teig verkneten (Küchemaschine). Aus dem Teig eine Kugel formen, mit Öl bestreichen und für ca. 50 Minuten mit einem Tuch abgedeckt so lange gehen lassen, bis sich der Teig verdoppelt hat.
- Zatargewürzmischung und Olivenöl verrühren. Den Teig in 6 Stücke teilen, kleine Pizzen formen und mit Zatar-Öl bestreichen.
- Die Pizzen nach Belieben mit weiteren Zutaten belegen, auf ein mit Backpapier ausgelegtes Blech legen und im vorgeheizten Ofen für ca. 7 bis 8 Minuten bei 200° C Ober- und Unterhitze goldbraun backen.

Fisch-Tajine mit Chermoula | Tajin Samak

Schnell zubereitete und sehr schmackhafte marokkanische Fisch-Tajine mit Kräutern

Zutaten

Für 4 Personen

Für die Chermoula-Marinade

3 Knoblauchzehen

4 EL glatte Petersilie

3 EL frischer Koriander

1 TL Kreuzkümmel, gemahlen

1 EL Paprikapulver, edelsüß

1 Prise Chilipulver (z.B. Cayenne)

1 Msp. Safran

4 EL Olivenöl

Saft von einer Zitrone

Salz und Pfeffer

Für die Fisch-Tajine

500 g Fischfilet (z. B. Seeteufel, Kabeljau oder Schellfisch, festfleischig)

1 große Zwiebel

Je 1 gelbe und rote Gemüsepaprika

100 ml Fischfond

1 Salzzitrone

800 g Tomaten

2 EL Tomatenmark

150 entkernte schwarze Oliven

2 EL frischer Koriander

Salz und Pfeffer

Zubereitung

- Den Knoblauch schälen und fein hacken. Die Petersilie und den Koriander waschen, trocknen, die Stiele entfernen und fein hacken.
- Knoblauch, gehackte Kräuter, Kreuzkümmel, Paprikapulver, Chilipulver, Safran, Salz und Pfeffer gut vermischen.
  Öl und Zitronensaft zugeben und alles gut miteinander verrühren.
  Das Ganze für ca. 30 Minuten gut durchziehen lassen.
- Den Fisch in ca. 5 bis 6 cm große Stücke schneiden, in eine Schüssel geben und die Chermoula hinzugeben.
  Den Fisch in der Marinade mehrmals vorsichtig wenden.
  Zugedeckt ca. 1 bis 2 Stunden im Kühlschrank marinieren lassen.
- Die Zwiebel schälen und würfeln.
- Bei den Paprikaschoten Stiel und Kerngehäuse entfernen und in dünne Streifen schneiden.
- Den Fischfond erhitzen.
- Die Salzzitrone achteln.
- Die Zwiebelwürfel in einer Pfanne mit etwas Öl andünsten, den Rest der Marinade hinzugeben.
- Die Paprikastreifen, die Tomaten, Tomatenmark und Fischfond hinzufügen, mit Salz und Pfeffer würzen und ca. 10 Minuten köcheln lassen.
- Die Hälfte der Tomatensauce in die Tajine geben, darauf die Hälfte der Fischstücke legen. Das Ganze wiederholen und mit den Zitronenachteln und den Oliven abschließen.
- Den Deckel der Tajine schließen und bei mittlerer Hitze ca. 30 Minuten schmoren lassen.
- Danach die Garzeit prüfen und gegebenenfalls verlängern.
- Zum Servieren mit frisch gehacktem Koriander bestreuen.

Dazu passt frisches Fladenbrot.

Nesreen

Nervös rutscht Hasan auf seinem Sessel hin und her. Immer wieder blickt er auf die Uhr. „Genau Neun", sagt er. „Noch siebzehn Minuten." Siebzehn lange Minuten für Hasan, der abermals zu einer Zigarette greift und mehr zu sich selbst als in Richtung seiner Gäste sagt: „Lange halte ich den Hunger nicht mehr aus."

21.17 Uhr, um diese Zeit ist im Kalender für heute der Sonnenuntergang festgelegt. Soll heißen: Um 21.17 Uhr beginnt heute das Fastenbrechen im Ramadan. Für die pünktliche Einhaltung zu sorgen ist Hasans einzige Aufgabe. Und die übernimmt er gerne. Sonst gibt es für ihn nichts zu tun. Außer Warten. „Ich würde ja helfen, aber die Küche ist für mich tabu."

Und da ist Nesreen, seine Frau, rigoros: „Ihr Männer habt hier in der Küche nichts zu suchen." Umso erstaunlicher, dass mir der Zutritt nicht verwehrt wird. Aber ich möchte ja auch Fotos für das Kochbuch machen. „Das ist schon etwas Besonderes", sagt Nesreen lächelnd. In ihrer Heimat Syrien hätte es das nicht gegeben. Da ist die Familientradition in Stein gemeißelt.

Zum Fastenbrechen fanden sich immer Familie, Freund*innen und Nachbar*innen zusammen. Und die Aufgabenverteilung war klar.

Allein die Frauen waren für die Zubereitung der Speisen zuständig. „Warum sollte sich das hier ändern?", fragt Nesreen mit einem kleinen Seitenhieb auf die Kochkünste ihres Mannes. In dem Punkt stimmt er ihr völlig zu: „Sonst hätten wir auch das letzte Mal Gäste gehabt", sagt Hasan lachend.

Gefüllte Zucchini mit Joghurtsauße | Kousa bil laban

Kusa bi Laban ist die zweite Variante von Sheikh Almahshi, welches auf Deutsch „Die Oberklasse zwischen den Mahashi-Rezepten" heißt. Es sind kleine, gebratene Zucchini, die mit einer Hackfleischmischung aus Fleisch, Zwiebeln und Pinienkernen gefüllt und im Gegensatz zu den Auberginen in einer Joghurtsauce anstatt in einer Tomatensauce aufgekocht werden.

Zutaten

Für 4 Personen

Für die Füllung

1 große Zwiebel

2 EL Öl

200 g Hackfleisch

¼ TL Pfeffer

1 Prise Salz

1 kg kleine Zucchini

Für die Sauce

Joghurt

½ Tasse Wasser

1 EL Speisestärke

2 Knoblauchzehen

Salz

½ getrocknete Minze

1½ EL Butter

Zubereitung

- Die Zwiebel dünn schneiden und im Öl anbraten.
- Das Hackfleisch und die Gewürze hinzugeben.
- Die Zucchini waschen, das Innere entnehmen und mit dem Hackfleisch füllen.
- Anschließend die gefüllten Zucchini mit der Butter etwa 15 Minuten auf niedriger Stufe anbraten und ein bisschen weich werden lassen.
- In einem anderen Topf wird die Sauce zubereitet, indem man Joghurt, Wasser, Speisestärke und Salz mit einem Schneebesen vermischt.
- Wenn die Masse etwas dicker wird, die Knoblauchzehen pressen, Minze hinzugeben und das Ganze zu den Zucchini hinzufügen.
- Abschließend alles 7 bis 8 Minuten köcheln lassen, bis es dickflüssig ist.

Das Gericht wird gern mit Reis gegessen.

Kartoffelauflauf mit Hackfleisch | Kibbet Batata

Kibbet zählt wohl zu den beliebtesten Speisen in Syrien und ist im arabischen Raum ein weit verbreitetes Gericht. Oft wird es bei besonderen Anlässen zubereitet. Es gibt unendlich viele Variationen.

Zutaten

Für 4 Personen

1 kg Kartoffeln, mehlig kochend

2 Zwiebeln

500 g Hackfleisch

2 EL Pinienkerne

Salz

7-Peffer-Mix

Zaatar
(orientalische Gewürzmischung)

8 EL Olivenöl

Semmelbrösel

Butter

Zubereitung

- Kartoffeln schälen und wie gewohnt kochen.
- In der Zwischenzeit die Zwiebeln schneiden, mit dem Hackfleisch und den Pinienkernen braten und mit Salz sowie 7-Pfeffer-Mix würzen.
- Die fertigen Kartoffeln abgießen, stampfen und mit Olivenöl und Zaatar abschmecken.
- Eine Auflaufform fetten und mit der Hälfte des Kartoffelpürees füllen. Darauf das Hackfleisch verteilen und darüber das restliche Kartoffelpüree.
- Zum Schluss Semmelbrösel und Butterflocken darauf verteilen.
- Bei 180° C Umluft 40 Minuten backen.

Dazu passt ein gemischter Salat.

Gefüllte Teigtaschen mit Gurken-Joghurt-Soße | Fatayer bi Lahim

Die Teigtaschen schmecken fantastisch und sind trotzdem schnell zubereitet. In Syrien werden sie auch als Beilage gegessen. Als Füllung bietet sich Spinat an, aber dem Einfallsreichtum sind hier keine Grenzen gesetzt.

Zutaten

Für 4 Personen

Füllung

500 g TK-Spinat

2 Zwiebeln

Zitronensaft

Olivenöl

Pfeffer, Salz

½ TL Sumach

Teig

750 g Mehl

20 g Backpulver

225 g Wasser

180 g Milch

3 EL Olivenöl

1½ TL Salz

Etwas Öl

Dip

1 Gurke

350 g Joghurt

1 gepresste Knoblauchzehe

1 Pr. Salz

1 TL getrocknete Minze

Zubereitung

- Spinat auftauen lassen, klein schneiden. Zwiebeln ebenfalls klein schneiden und zum Spinat geben.
- Mit Salz würzen und durchkneten, bis ein Saft entsteht; diesen dann wegschütten.
- Spinat mit Öl, Pfeffer, Salz und Sumach abschmecken und noch mal durchkneten.
- Für den Teig das Mehl in eine Schüssel geben und mit dem Backpulver vermischen.
- Wasser, Milch, Öl und Salz hinzufügen und durchkneten, bis ein glatter Teig entsteht.
- Den Teig auf einer bemehlten Fläche ausrollen und Kreise von ca. 10 cm ausstechen. Die Teigkreise und mit der Füllung belegen, zu halben Monden schließen und die Ränder gut versiegeln, damit die Füllung nicht auslaufen kann.
- Öl in einer Pfanne erhitzen, die Fatayer hineingeben und auf beiden Seiten backen. Auf Küchenpapier abtropfen lassen und servieren.

Gurken-Joghurt-Soße

- Gurke waschen und in kleine Stücke schneiden.
- Mit den restlichen Zutaten gut vermischen und im Kühlschrank kalt stellen.

Gefüllte arabische Pfannkuchen | Atayef

Atayef sind kleine, leichte und luftige Pfannkuchen, gefüllt mit arabischer Sahne (Ashta) oder Pudding. Sie sind zu Halbmonden geformt und werden mit Zuckersirup serviert.

Zutaten

Für 4 Personen

Für den Teig

250 g Mehl

1 TL Backpulver

2 TL Zucker,

etwas Rosenwasser

150 ml Milch

Für die Füllung

300 ml Mich

200 ml Sahne

3 EL Speisestärke

1 P. Vanillinzucker

Für den Sirup

2 Tassen Zucker

1 Tasse Wasser

1 EL Zitronensaft

1 EL Rosenwasser

Pistazien als Deko

Zubereitung

Teig

- Mehl mit Backpulver und Zucker mischen. Milch und Rosenwasser dazugeben und alles gut verrühren. Ca. 15 Minuten im Kühlschrank stehen lassen.
- In einer beschichteten Pfannen ohne Fett kleine Pfannkuchen nur von einer Seite backen, bis kleine Bläschen kommen und der Pfannkuchen trocken ist.
- Nicht zu dunkel werden lassen.

Füllung

- Milch, Sahne, Speisestärke und Vanillinzucker unter ständigem Rühren aufkochen lassen, bis sich eine feste Masse bildet.
- Abkühlen lassen.

Sirup

- Zucker und Wasser mischen und ca 15 Minuten in einem Topf kochen lassen. 1 EL Zitronensaft und 1 EL Rosenwasser dazugeben und verrühren.

Die Pfannkuchen mit dem Ashta oder Pudding füllen und mit dem Sirup anrichten.

Eventuell mit Pistazien dekorieren.

Engelshaarpastete mit Mozzarella und Sirup | Künefe

Eines der beliebtesten Desserts der arabischen Welt! Künefe besteht aus mehreren Schichten – u. a. Mozzarella – und wird zum Schluss nach Belieben mit einem Sirup aus Zucker, Zitronensaft und Rosenwasser beträufelt. Da kann niemand widerstehen.

Zutaten

Für 4 Personen

250 g Kadayif-Teigfäden

125 g Butterschmalz

Etwas Butterschmalz extra

100 g Mandelblättchen

4 Mozzarellakugeln

2 Tassen Zucker

1½ Tassen Wasser

Saft einer Zitrone

1 EL Rosenwasser

Gehackte Pistazien zum Dekorieren

Zubereitung

- Butterschmalz schmelzen lassen. Kadayif-Fäden zuschneiden oder zupfen und trennen. Gut mit dem Butterschmalz vermengen.
- Eine Auflauf- oder Kuchenform mit etwas Butterschmalz bestreichen, zuerst mit den Mandelblättchen bestreuen, dann mit der Hälfte der Teigfäden belegen und fest andrücken.
- Mozzarellakugeln abtropfen lassen, in Scheiben schneiden und darauf verteilen.
- Dann die andere Schicht Teigfäden darübergeben.
- Alles in den vorgeheizten Backofen stellen und bei 180°–200° C ca. 30 Minuten backen, bis die Oberfläche eine goldbraune Färbung bekommt.
- Künefe auf eine Platte stürzen.
- Für den Sirup Zucker und Wasser mit dem Zitronensaft und dem Rosenwasser dickflüssig kochen. Den Kuchen mit dem Sirup beträufeln, mit Pistazien dekorieren und heiß servieren.

Rezepte aus der Ukraine

Bliny mit Frischkäse gefüllt | Nalysnyky

Diese dünnen Pfannkuchen gehören unbestreitbar zu den klassischen Desserts in der Ukraine. Die Füllung kann variieren, gern wird die Variante mit Tworog gewählt.

Zutaten

Für 4 Personen

Für den Teig

700 ml lauwarme Milch

220 g Mehl

1 ½ EL Zucker

2 Eier

2 EL Sonnenblumenöl

Salz

Für die Füllung

50 g Schmand

250 g körniger Frischkäse (Tworog)

50 g Zucker

Vanillezucker

Zubereitung

- Alle Zutaten für den Teig mit einem Schneebesen oder Mixer verrühren.
- Den Teig portionsweise (ca. 1 Schöpflöffel) in eine eingeölte, heiße Pfanne geben.
- Wenn die Teigoberfläche fest ist, den Nalysnyky wenden und von der anderen Seite goldgelb braten.
- Nalysnyky abkühlen lassen.
- Währenddessen die Zutaten für die Füllung zu einer streichzarten Masse verrühren und in jeden Nalysnyky einrollen.
- Warm servieren.

Teigtaschen mit Kartoffelfüllung | Varenyky

Varenyky werden traditionell mit der ukrainischen Küche assoziiert und gelten in der Ukraine als Nationalgericht. Sie bestehen aus gefüllten, halbmondförmigen Teigtaschen, die in Salzwasser gekocht werden. Varenyky gibt es in vielen Formen, der absolute Klassiker sind aber Varenyky mit Kartoffelfüllung.

Zutaten

Für 4 Personen

Für den Teig

300 g Mehl

1 Ei

5 EL Wasser

Salz

Für die Füllung

4–5 Kartoffeln

1 Zwiebel

Öl

Pfeffer

Salz

Butter

Semmelbrösel

Zubereitung

- Das Mehl mit ½ TL Salz, dem Ei und 5 EL Wasser anrühren und den Teig solange kneten, bis er geschmeidig ist.
- In 3 Teile schneiden und jedes Teil etwa 3 mm dünn ausrollen. Etwa 7 x 7 cm große Stücke ausschneiden.
- Die Kartoffeln wie Salzkartoffeln kochen und heiß zerstampfen; die feingehackte Zwiebel mit ein wenig Öl braun dünsten und mit der Kartoffelmasse vermengen.
- Pfeffer, Salz und etwas Öl zugeben.
- Die Kartoffelfüllung mit einem kleinen Löffel daraufgeben, die Ränder mit Eigelb bestreichen und zusammendrücken.
- 20 Minuten im Salzwasser schwach kochen lassen.
- Eine Servierschüssel mit Öl einreiben, die Teigtaschen aus dem Salzwasser abschöpfen und in die Schüssel geben.
- Semmelbrösel in Butter anrösten und über die Teigtaschen streuen.

Rote-Bete-Suppe | Borschtsch

Mitte 2022 hat die Unesco die ukrainische Rote-Bete-Suppe auf ihre Liste des zu schützenden Kulturerbes gesetzt. Laut zuständigem Komitee ist der Grund die Bedrohung durch den russischen Angriffskrieg.

Zutaten

Für 4 Personen

1 kg Rindfleisch mit Markknochen

Frische Rote Bete,
1 große oder 2–3 kleinere Knollen

4 Liter Wasser

2 Möhren

1 große Zwiebel

3–4 große Kartoffeln

1 kleine, rote Paprikaschote

3 Tomaten

¼ Weißkohl

2 Zehen Knoblauch

½ Zitrone

2 Lorbeerblätter

Pfeffer und Salz

1 Becher Schmand

Evtl. frische Kräuter

Zubereitung

- Das Fleisch in heißes Wasser geben und aufkochen lassen. Den Sud köcheln lassen und den Schaum an der Oberfläche sofort abschöpfen und entsorgen. Nach Geschmack salzen. Geschälte Rote-Bete-Knolle(n) hinzugeben und alles 1 Stunde köcheln lassen.
- Die Kartoffeln schälen, in Streifen schneiden und in kaltes Wasser legen, um sie frisch zu halten. Die Möhren der Länge nach halbieren und in dünne Streifen schneiden.
- Zwiebeln, Paprika und Tomaten vierteln und in Scheiben schneiden.
- Das Öl in einer Pfanne erhitzen. Zunächst die Zwiebeln kurz anbraten, dann Paprika, Möhren und Tomaten hinzufügen. Mit Salz und Pfeffer würzen und abgedeckt braten, bis alles gar, aber noch bissfest ist, dabei immer wieder umrühren.
- Nach 1 Stunde Kochzeit das Viertel Weißkohl in Streifen schneiden.
- Das gebratene Gemüse aus der Pfanne, die Kohlstreifen und die Lorbeerblätter in den Topf geben und alles eine weitere Stunde zugedeckt köcheln lassen.
- Nun die Rote Bete herausnehmen und auf einer großen Reibe zerkleinern. Gepressten Knoblauch hinzufügen. Die halbe Zitrone über der Roten Bete ausdrücken, umrühren und kurz auf einen Teller stellen.
- Das Fleisch herausnehmen, vom Knochen trennen und in kleine Stücke schneiden.
- Rote Bete und Fleisch wieder in den Topf geben und verrühren.
- Abschmecken, ggf. nachwürzen und nochmals kurz aufkochen lassen. Den Borschtsch in tiefe Teller füllen, mit 1 EL Schmand und evtl. frischen Kräutern (Petersilie, Dill) garnieren.
- Ist der Borschtsch einen Tag durchgezogen, schmeckt er noch aromatischer.

Knoblauchbrötchen | Pampuschki

Die Pampuschki – kleine weiche Brötchen, die meist zum Borschtsch gereicht werden – sind ein traditioneller Bestandteil der ukrainischen Küche. Oft werden sie mit einer Knoblauchsoße serviert.

Zutaten

Für 8 Brötchen

Für den Teig

450 g Dinkelmehl Typ 630

12 g Salz

100 g Wasser

150 g Milch

2 g frische Hefe

60 g neutrales Pflanzenöl

Für das Topping

2 EL Pflanzenöl

4 Knoblauchzehen

½ TL Salz

½ Bund Petersilie, fein gehackt

1 Ei

Zubereitung

- Alle Zutaten zu einem glatten Teig verkneten.
- Teig abgedeckt bei Raumtemperatur 60 Minuten gehen lassen, dabei nach 30 und 60 Minuten einmal dehnen und falten.
- Anschließend ca. 15 Stunden im Kühlschrank gehen lassen.
- Den Teig in acht Stücke teilen und zu Kugeln formen. Nebeneinander in eine eingeölte runde, ofenfeste Form oder eine Backform von ca. 24 cm Durchmesser setzen und zugedeckt an einem warmen Ort gehen lassen, bis sie ihr Volumen verdoppelt haben.
- Die aufgegangenen Brötchen mit dem verquirlten Ei bestreichen und im vorgewärmten Ofen bei 220° C ca. 10-15 Minuten backen.
- Für das Knoblauchöl einfach den zerstoßenen Knoblauch mit dem Öl, 1 kleinen Prise Salz und der Petersilie verrühren und kurz durchziehen lassen.
- Die goldbraunen, heißen Brötchen sofort mit der aufgerührten Knoblauch-Kräuter-Mischung bestreichen.
- Am besten schmecken die Pampuschki lauwarm.

Lammeintopf

Nicht nur an kalten Winterabenden ein Hochgenuss: Ein Lammeintopf vereint würzigen Fleischgeschmack mit knackigem Gemüse und exotischen Gewürzen.

Zutaten

Für 4 Personen

30 g Koriandersamen

20 g Korianderblätter, frisch

80 g Petersilie, frisch

25 g Dill, frisch

25 g Ingwer, geschält

3 Lorbeerblätter

2 EL Granatapfelsirup

2 EL Sojasauce

1 EL flüssiger Honig

Pfeffer, gemahlen

750 g Lammfleisch aus der Keule oder Schulter, in Würfel geschnitten

1 große Zwiebel, in dünne Streifen geschnitten

2 Möhren, geschält und gerieben

2 Fleischtomaten, gerieben, ohne Haut (oder ca. 400 g passierte Tomaten)

1 grüne Paprikaschote, von Stielansatz und Samen befreit und gewürfelt

2 frische Knoblauchzehen

Salz

Zubereitung

- Die Kräuter waschen, Korianderblätter zur Seite legen. Mit Ingwer, Lorbeerblättern, Granatapfelsirup, Sojasauce, Honig und Pfeffer im Mixer pürieren.
- Das Lammfleisch in ca. 4 cm große Würfel schneiden.
- Die Kräuterpaste in eine Schüssel geben, Lammfleisch und Zwiebel hinzufügen und mit den Händen die Kräuterpaste in das Fleisch und die Zwiebelstreifen reiben. Die Schüssel zudecken und für einige Stunden, am besten jedoch über Nacht, in den Kühlschrank stellen.
- Am folgenden Tag das Fleisch samt Marinade in einen großen Schmortopf geben. Die geriebenen Möhren und Tomaten zufügen, alles mit Salz würzen und bei schwacher Hitze einige Stunden schmoren, bis das Fleisch sehr zart ist.
- Kurz bevor das Fleisch fertig ist, die Paprikawürfel, den Knoblauch und die gehackten Korianderblätter untermengen, alles noch einmal 5 Minuten erhitzen und servieren.

Rote-Bete-Salat | Salat Vinegret

Der Salat Vinegret ist ein in der Ukraine sehr beliebter Salat mit einem französischen Namen und eventuell deutschen oder skandinavischen Wurzeln. Zum ersten Mal wurde ein ähnlicher Salat Ende des 18. Jahrhunderts in einem Kochbuch erwähnt.
Er ist reich an Spurenelementen und Vitaminen und sieht dank der dunkelroten Farbe recht festlich aus.

Zutaten

Für 4 Personen

600 g Kartoffeln

400 g Karotten

400 g Rote Bete

200 g Salzgurken

1 kleine Dose grüne Erbsen und/oder Kichererbsen

1 kleine Dose weiße Bohnen

1 Zwiebel

2 EL Sonnenblumenöl

Salz, Pfeffer

Zubereitung

- Das Gemüse kochen und abkühlen lassen.
- Bei Bedarf pellen, danach grob würfeln und in eine Schüssel geben.
- Erbsen und Bohnen abgießen und untermischen. Mit Salz und Pfeffer würzen.
- Die Zwiebel in Würfel schneiden, goldbraun anbraten und noch heiß unter den Salat mischen.

Kartoffelpuffer | Deruny

Deruny sind Kartoffelpuffer aus fein geriebenen rohen Kartoffeln und Zwiebeln. Ein klassisches ukrainisches Gericht, das entweder mit Knoblauchsoße oder mit Smetana (Crème fraîche) serviert wird.

Zutaten

Für 4 Personen

5 mittelgroße Kartoffeln

1 kleine Zwiebel

3 EL Mehl

1 Ei

1 EL Saure Sahne (Smetana)

1 TL Salz und Pfeffer

Schnittlauch

Pflanzenöl

Zubereitung

- Kartoffeln schälen und mit einer feinen Reibe in eine Rührschüssel reiben.
- Zwiebel in feine Stücke hacken und zu den Kartoffeln geben.
- Kartoffeln und Zwiebel schälen und durch den Fleischwolf drehen bzw. auf einer feinen Reibe (Sternchenreibe) reiben. Ei, Mehl, Salz und Pfeffer dazugeben, gut vermengen.
- Anschließend etwas Öl in eine Pfanne geben und heiß werden lassen.
- Sobald das Öl in der Pfanne heiß genug ist, mithilfe eines Löffels etwas Kartoffelmasse in die Pfanne geben.
- Kartoffelpuffer so lange braten, bis sie goldbraun und knusprig sind.
- Zum Schluss mit etwas frischem Schnittlauch und Crème fraîche (Smetana) garnieren.

Honigtorte | Medowik

Medovik ist ein Schichtkuchen, der in der Ukraine sehr beliebt ist.

Zutaten

Für 4 Personen

200 g Honig

2 TL Backsoda

100–200 g Zucker

60 g Butter

2 Eier

600 g Mehl

Für die Creme

800 g saure Sahne

100–200 g Zucker

200 g Walnüsse

Zubereitung

- Honig in einen Topf geben und erhitzen, bis er flüssig ist. Backsoda hinzufügen und unter Rühren weiter erhitzen, bis die Masse eine helle Farbe hat.
- Unter Rühren Zucker hinzufügen.
- Wenn Masse eine orange Farbe bekommt, vom Feuer nehmen und in eine Schüssel gießen.
- Butter zur warmen Masse hinzufügen und einrühren.
- Abkühlen lassen.
- Eier hinzufügen und verrühren.
- Mehl hinzufügen und zu einem Teig kneten.
- Den Teig in 10 gleiche Teile teilen und ausrollen, sodass 10 Teigplatten entstehen.
- Die Teigplatten rund ausschneiden und die überstehenden Reste mitbacken.
- Jede Teigplatte in den auf 180° C vorgeheizten Backofen geben und 5–10 Minuten backen.

Die Füllung

- Walnüsse in der Pfanne rösten und hacken.
- Saure Sahne mit Zucker mischen.
- Nüsse hinzufügen und vermischen.
- Die Masse auf die gebackenen Teigplatten geben.
- Den Vorgang wiederholen, bis alle Teigplatten verarbeitet sind.
- Die mitgebackenen Reste zerbröseln.
- Die aufgeschichteten Platten mit der restlichen Masse bestreichen, glätten und mit den Bröseln bestreuen.
- 3–4 Stunden in den Kühlschrank stellen.

Süße Getreidespeise | Kutja

Die Kutja ist ein Gericht, das in der Ukraine traditionell zum Weihnachtsessen gehört und einen symbolischen Wert für das Volk hat. Es wird meist aus verschiedenen Nüssen, Getreide oder Reis, Honig und Rosinen hergestellt.

Zutaten

Für 4 Personen

250 g Weizen, geschält

200 g Honig

150 g Rosinen

150 g Walnüsse, gehackt

200 g Mohn, gemahlen

nach Belieben 2 EL flüssiger Honig

Zubereitung

- Weizen waschen und in einen Topf geben, mit Wasser bedecken und über Nacht zugedeckt quellen lassen.
- Am nächsten Tag den Weizen bei schwacher Hitze ca. 90 Minuten zugedeckt weich garen, bei Bedarf mehr heißes Wasser zufügen.
- Vom Herd nehmen, abkühlen und nachquellen lassen, dann auf einem Sieb abgießen und abtropfen lassen.
- Nun den abgekühlten Weizen mit dem flüssigen Honig, dem Mohn, den Nüssen und den Rosinen vermischen.
- Die Kutja in Dessertschalen füllen und servieren.

Tipp:

- Das Dessert kann auch mit etwas Sahne verfeinert oder der Mohn in einer Mischung aus Milch und Sahne gegart werden.